Collection

dossier

1. Jean Vanier, **La Dépression**
2. Jean-François Six, **La Solitude**
3. Stan Rougier, **L'attente des jeunes**
4. Denis Sonet, **Le Mariage**
5. Guy Gilbert, **La Violence**
6. Denis Sonet, **L'art d'être parents et grands-parents**
7. Denis Sonet, **La communication**
8. Jean Vanier, **Recherche la Paix**
9. Denis Sonet, **Le Pardon**
10. Élisabeth Bourgois, **Chut... je t'aime !**
11. Élisabeth Bourgois, **J'écoute ta tristesse !**
12. Denis Sonet, **Construisons notre Amour**
13. Denis Sonet, **Ce Dieu dont le couple est l'image**
14. Jean Vanier, **Lettres à des amis**

Le Livre Ouvert

www.lelivreouvert.com

le.livre.ouvert@wanadoo.fr

LE MARIAGE POURQUOI ?

Internet - http://lelivreouvert.multimania.com
E-mail: le.livre.ouvert@wanadoo.fr

ISBN 2-907429-82-5

DENIS SONET

LE MARIAGE POURQUOI ?

illustrations
BERNARD DEBELLE

Un constat affligeant ?

Les statistiques au sujet du mariage ne sont pas encourageantes, c'est le moins qu'on puisse dire : La courbe des mariages qui avait commencé de chuter après 1972, avait bien donné quelques signes de redressement vers les années 92 mais la dégringolade a repris pour se stabiliser en 1994-1995 autour de 250000 mariages, contre 271 427 en 1992 et 416 300 en 1972. Pendant ce temps, la cohabitation n'a cessé de croître (deux millions de couples concubins en France !). Mais, phénomène récent plus alarmant, voici que la cohabitation tend, elle aussi, à stagner : elle est parfois remplacée par la montée du nombre des célibataires prolongés qui vivent une vie amoureuse mais épisodique, aux week-ends par exemple, chacun demeurant chez ses parents ou gardant son appartement comme une oasis de liberté. (5.800 000 célibataires de plus de 25 ans vivent ainsi!)

Dans le même temps, le nombre des divorces n'a cessé

de croître (102 000 en 1994 contre 53 000 en 1977). Un sur trois mariages, voire un sur deux dans les très grandes villes. Le divorce s'est banalisé. Le mariage civil est devenu une passoire; Il est plus facile d'en sortir que d'y entrer. Il ne manque plus qu'un remboursement des frais de divorce par la sécurité sociale, pour qu'il n'y ait plus de mariage du tout !

On comprend donc que beaucoup de jeunes et de moins jeunes se demandent s'ils ne sont pas en présence d'une institution périmée. Ils n'en perçoivent plus les raisons profondes, et -hélas- rares sont les «mariés» qui peuvent rendre compte intelligemment des motivations qui ont présidé à leur choix. "Le mariage, disait un jeune, je ne vois pas ce que ça apporte. Ce qui compte, c'est l'amour. Or, le mariage ne donne pas l'amour. Il peut même l'étouffer! Le mariage me fait peur, dans la mesure où il est une façon de mettre les pieds dans des pantoufles, la vie se déroulant par la suite sous le signe du bon entretien des pantoufles..."

On compte un divorce pour trois mariages... ... ce qui veut dire que deux couples sur trois restent quand même ensemble

■ **Devant ce constat, on a aussitôt envie de vous poser la question: n'êtes-vous pas inquiet ou même désespéré en face de l'avenir du mariage ?**

Certainement pas ! le mariage continue d'exister... les klaxons des cortèges nuptiaux continuent joyeusement à faire savoir à tous, chaque samedi, qu'un couple a décidé de faire une fête pour célébrer son amour. Même si les mariages religieux sont bien moins nombreux qu'autrefois, ils présentent souvent une qualité que n'avaient pas toujours les mariages d'autrefois : bien préparés par le couple, plus festifs, davantage personnalisés, ils échappent souvent au reproche de formalisme et sont un signe incontestable d'espérance pour l'avenir.

À l'inverse, les inconvénients des cohabitations apparaissent plus clairement, au fil des expériences : le risque de se séparer est cinq fois plus élevé chez les cohabitants que chez les mariés.

Si bien qu'il n'y a pas à désespérer du mariage : il a encore de beaux jours devant lui. À condition qu'en soit mieux perçue la raison d'être. À condition aussi qu'on ait peut-être l'audace et le courage de faire subir un certain lifting à cette bonne vieille institution à qui beaucoup d'entre nous devons probablement la vie !

■ Comment expliquez-vous cette désaffection, cet «éboulement» du mariage ?

Les raisons de cette désaffection du mariage sont multiples. Il est certain que les nombreuses ruptures conjugales, observées dans les foyers apparemment les plus solides, ont fait douter de la crédibilité de l'institution. L'arrivée de la contraception (cause première de la cohabitation pour Evelyne Sullerot) a rendu possible des vies de couple sans enfant à la clef. L'émancipation et le travail de la femme lui ont permis de se prendre en charge financièrement sans avoir besoin d'un mari pour obtenir une sécurité économique. L'allongement de la vie conjugale peut laisser croire qu'un amour ne peut affronter 40 ou 50 années de vie commune. De plus, des lois ambiguës n'ont pas été toujours avantageuses pour les couples mariés. Une autre raison plus subtile, c'est aussi cette attente exagérée que les couples ont de l'amour aujourd'hui. On lui demande beaucoup : la satisfaction totale des besoins affectifs, sexuels et matériels. Il faut donc éviter un engagement pour se garder une porte de sortie si déception il y a. Mais surtout, dans une société de masse où chacun se sent enfermé dans des contraintes de toutes sortes, dans une société de consommation qui pousse à la recherche du bonheur, l'individualisme, le «chacun pour soi», la peur de perdre la moindre plage de liberté ont fleuri facilement ; le matérialisme des sociétés d'abondance entraîne chacun à rechercher avant tout son bonheur personnel et le pousse à ne pas s'engager pour se garder de nouvelles possibilités de découvertes.

■ N'y-a t'il pas une raison plus évidente, c'est que tout le monde sait bien que le mariage n'amène pas l'amour, n'est-il même pas parfois comme on dit : le tombeau de l'amour par la routine qu'il apporte ? Ne voit-on pas des cohabitants se séparer quelques mois après avoir régularisé leur situation ?

C'est vrai, le mariage ne donne pas systématiquement l'amour... Et, en Occident du moins, on ne peut que déconseiller le mariage qui ne serait qu'un mariage de raison.

Pourquoi dites-vous en Occident ?

Parce que dans d'autres pays du monde, les mariages sont souvent arrangés par les parents... Contre toute attente, ça fonctionne bien! Les orientaux disent volontiers : Vous, les occidentaux, quand vous vous mariez, la marmite est bouillante et vous la laissez refroidir, tandis que chez nous, elle est froide, alors on est bien obligé de mettre du bois dessous pour la faire bouillir... C'est vrai qu'en Occident, on rejette le mariage préparé : on veut que l'amour jaillisse du choix libre des fiancés. On n'a rien à faire de l'amour-raison, on veut l'amour-passion. Et si cet amour n'est pas au départ d'une vie de mariage, il suffira que plus tard on ait une difficulté de couple pour penser aussitôt : la raison de notre échec est simple : on n'avait pas fait un mariage d'amour ! On a alors un alibi en béton pour se séparer !

Non, le mariage ne donne pas forcément l'amour, mais il est ce haut-lieu qui peut permettre merveilleusement à un amour de se déployer dans le temps. L'amour, quand il est fort, réclame la durée. Dis, on s'aimera toujours ?... tu ne veux pas que ce

Par le sacrement du mariage, le couple reçoit "la grâce de l'impossible"

qu'on vit aujourd'hui de si merveilleux puisse cesser un jour ? ...

On peut donc dire que d'une certaine façon, le mariage est le vœu de l'amour. L'amour est le premier à réclamer le mariage : non seulement "l'amour n'a pas peur de la légalité" (*Mgr Jullien*), mais il désire quelque part cet engagement solennel. L'amour a besoin de rites, de promesses solennelles. «Il est dans la nature de la détresse humaine d'en arriver toujours, un moment donné, à demander un serment de fidélité» (*F. Duyckaert*). «Dis, jure-moi que tu m'aimeras toujours!» Ne voit-on pas parfois des cohabitants organiser spontanément une petite fête, inviter des amis, s'offrir une bague pour célébrer leur amour... L'amour n'aime pas se cacher: n'est-ce pas la souffrance des amours défendus d'être contraints à la clandestinité ? Quand l'amour est grand, n'éprouve-t'il pas le besoin de se crier, de se montrer à la face du monde ? Ne mérite-t'il pas d'être fêté, partagé, célébré ?

Je reste intimement persuadé qu'au moins inconsciemment, tout être humain aspire au mariage : le merveilleux de l'amour, n'est-il pas de donner à l'être aimé le sentiment d'exister ? Enfin, je compte pour quelqu'un ! ...j'ai de la valeur aux yeux d'un être pour qui je suis l'unique ! Et quand cette personne qui nous aime nous dit aussi qu'elle est prête à faire sa vie avec nous, qu'elle nous estime au point de miser toute sa destinée à nos côtés, quelle reconnaissance de valeur ! Il y a donc sur terre , un être qui nous apprécie à ce point qu'il est prêt à parier sur nous pour toujours. Aucune comparaison entre écouter celui qui nous aime nous dire "je t'aime pour toujours", et "je t'aime à l'essai" pour six mois ! Tout être humain désire donc quelque part entendre dans la bouche de l'aimé cette reconnaissance gratifiante de valeur : "tu mérites que je te donne tout".

On a alors envie de sourire doucement quand on lit dans une revue féminine à grand tirage, le titre suivant : “L’amour est possible dans le Mariage.” Quelle découverte pour ce journaliste ! Mieux vaut tard que jamais, sans doute.

■ Mais alors pourquoi, une fois mariés, des cohabitants en viennent-ils à divorcer ?

Il y a de multiples raisons à cela : j’en vois au moins trois. D’abord, il arrive qu’ils

Il faut veiller sur son amour comme un vase fragile

se marient parce qu'ils ont des difficultés de couple dans la cohabitation et ils comptent sur le mariage pour arranger les choses : l'échec est garanti. Ensuite, ils ont souvent étouffé le conflit au lieu de parler clair et fort au besoin, de peur de perdre l'autre qui leur a dit : "Si tu n'es pas d'accord, je fais mes valises..." Une fois mariés, les conflits refoulés remontent et le couple en arrive à penser que c'est le mariage qui crée les heurts. Enfin, beaucoup de cohabitants ne savent pas que ce qui les unit, ce n'est pas tant l'amour que la peur d'être seuls, la peur de se perdre. Mariés, cette peur disparaît et avec elle, le seul lien qui les unissait vraiment.

■ **Vous voyez donc bien que le mariage, ça n'apporte rien.. c'est une formalité !**

De grâce, comprenons bien une fois pour toutes que le mariage n'est pas un

OUI dit à un papier (qu'on peut déchirer sans qu'il en souffre!), mais une promesse faite à une personne humaine qui a un cœur, une sensibilité, des attentes, des aspirations, une capacité formidable de souffrir ou d'être heureuse. D'ailleurs, si le mariage s'est imposé au long des siècles, ce n'est certainement pas sans raison. Il ne faut pas oublier que dans les premiers siècles du christianisme, on ne se mariait pas solennellement, notamment en passant à l'église. Dès qu'un garçon et une fille, avec en général, l'assentiment des

parents, se mettaient ensemble, «cohabitaient», (mais avec une volonté d'engagement implicite), ils étaient regardés comme époux, et même, s'ils étaient chrétiens, mariés «religieusement» («dans le Seigneur» selon le mot de Saint Paul). Et c'est devant les abus de «la formule», la multiplicité des mariages clandestins, dont les femmes et les enfants faisaient souvent les frais, que l'Eglise a imposé la présence de témoins et le passage à l'église. Va t-on revenir à cette antique solution qui a fait faillite en son temps ?

Le Mariage apporte une protection pour l'amour : le conseil conjugal montre suffisamment combien des couples, qui, en crise aiguë, avaient l'intention de se séparer, ont pu, après réflexion et un certain recul, retrouver le chemin de l'entente et d'un bonheur nouveau. Il est donc évident que l'exigence de la vie dans le mariage peut être un bon stimulant pour ne pas recourir trop vite, dans un coup de tête, à une solution irréfléchie.

Le Mariage est une protection pour l'enfant. L'enfant a besoin de tendresse, d'admiration, mais aussi de sécurité. **Le plus**

beau cadeau que des parents peuvent faire à des enfants : un amour conjugal stable. Il est bien connu que les cas de délinquance juvénile relèvent pour la grande majorité des carences familiales.

Le Mariage est une protection pour la femme qui n'est pas située comme l'homme en cas de rupture. Qu'on le veuille ou

Ce qui constitue un couple c'est la volonté de durer

non, la femme de cinquante ans, abandonnée par son conjoint, n'a pas la même facilité de «refaire sa vie». Liée souvent par les enfants, elle doit faire face à des contraintes économiques impératives, si la

loi ne contraint pas l'homme à l'aider.

Le Mariage devient même parfois une protection pour l'homme. L'homme moderne, lui aussi, se voit parfois «mis à la porte» du foyer : Du moins, là encore la loi peut protéger ses droits légitimes, surtout vis à vis de ses enfants...

■ Avouez que vous légitimez le Mariage par des raisons assez prosaïques; la protection matérielle des membres du couple!

Laissez-moi alors continuer : ce qui justifie essentiellement le Mariage, c'est qu'il donne consistance à l'engagement. Car ce qui édifie réellement un couple, c'est la volonté d'engagement des deux partenaires. «Ce qui constitue essentiellement

un couple, dit le Dr Lemaire, fondateur en France des conseillers conjugaux, c'est sa volonté de durer». La durée peut être considérée comme une épreuve par le couple, alors qu'elle est pourtant sa chance : on ne construit pas un nid en un jour... on ne construit pas un «nous», une communauté d'amour, un foyer où des enfants vont s'ébattre, en se regardant un mois les yeux dans les yeux. “ Une fois prononcé, le oui est le pivot autour duquel s’élabore une créativité continue, il est une colonne autour de laquelle l’homme virevolte dans la liberté, une source près de laquelle il danse.” (*Frère Roger*)

On ne constitue pas un couple en se disant : «On va essayer de vivre ensemble... On verra si ça marche, et dans ce cas, on transformera l’essai par un engagement». Pour la simple et bonne raison, qu’un couple ne «marche» jamais parfaitement. L’autre est autre ! Un jour ou l’autre, il faut bien affronter la différence, l’altérité .

Un couple sans tension, ça n’existe pas. Un jour ou l’autre, il faut bien s’adapter l’un à l’autre, limer les oppositions. Et la meilleure façon de faire la nécessaire adaptation requise par la différence, c’est justement de poser cet acte solennel d’engagement : à partir d’aujourd’hui, on s’engage à tout essayer pour réussir, on ne regarde pas en arrière, avec de vains regrets, on ne lorgne pas ailleurs pour voir si quelqu’un nous conviendrait mieux... on accueille les limites de l’autre, sachant qu’avec lui tel qu’il est et avec moi telle que je suis, nous pouvons pourtant faire une route magnifique.. grâce à cette volonté absolue de nous adapter. L'engagement grandit l'homme, parce qu'il est prise de responsabilité : l'homme prend sa vie en main, la jette dans la direction choisie. Il ne subit pas les événements, il les domine. La fidélité transforme le hasard en destin.

■ D'accord pour l'engagement, mais pourquoi cet engagement devrait-il se faire devant un tiers ? Est-ce que l'amour n'est pas une affaire privée, qui ne regarde en rien la société ? Oui, pourquoi un mariage civil ?

D'abord parce que le oui exprimé solennellement devant un tiers a une réelle efficience : il est la garantie que l'engagement est sincère puisqu'il en coûtera en cas de séparation. (Le jour où le divorce serait remboursé par la Sécurité Sociale, il n'y aurait plus de mariage !) Il évite l'escroquerie toujours possible de celui qui n'est pas de bonne foi, et qui peut donc crier qu'il aime et pour toujours si «ça ne l'engage à rien». Je pense à cette fille dont le petit ami proposait la vie commune sans engagement, prétextant que le mariage n'était qu'une formalité et qui sut habilement lui répondre : « Puisque ce n'est qu'une formalité, tu peux facilement me l'accorder... Chiche! »

Ensuite parce que l'amour a une dimension sociale évidente . On entend souvent dire : «l'amour est une affaire privée qui ne regarde en rien la société» ou «les amoureux sont seuls au monde». Peut-on soutenir pareille énormité ? C'est vrai que l'amour a une dimension d'intimité, mais c'est vrai également qu'il n'y a guère d'activité humaine qui ait plus de conséquences sociales. Si le couple a des enfants, il aura peut-être des milliers de descendants, voire des centaines de milliers ! Alors peut-on dire sérieusement que les amoureux sont seuls au monde! De plus parmi ces descendants, l'un peut-être fera sauter la planète ou la sauvera ! Et leur amour ne regarderait donc pas le reste du monde ? Et inversement, si les couples n'ont pas d'enfants, eux qui «ont le service de la vie» (*Jean Paul II*), c'est tout l'avenir d'une société qui est en cause.

Le monde a besoin de la fécondité des couples, mais les couples ont besoin de la

Le mariage n'est pas une formalité mais un pari sur l'autre et sur l'amour

société, ils ne vivront pas leur amour sur un nuage : ils auront besoin d'un logement, d'une école pour leurs enfants, d'une vie de quartier ou de village agréable. Pour un couple, se marier, c'est manifester à tous sa conscience d'avoir besoin des autres. L'ont parfaitement compris ces jeunes mariés qui, le jour de leurs noces, vont, pendant le repas, de table en table saluer tous leurs invités, les remerciant d'être venus partager leur joie. Ils savent que ce grand jour n'est pas seulement leur jour, mais celui d'une rencontre festive de deux familles et de leurs amis.

■ **C'est très beau tout ça, mais à quel prix ? Il faut sacrifier sa liberté, c'est cher payé !**

C'est vrai qu'on dit souvent avec humour, mais parfois en le pensant : « Se marier c'est se mettre la corde au cou. » « Tu as beau dire, disait une jeune cohabitante, le mariage, c'est la perte de ta liberté. Oui, quand tu t'es marié, par principe, tu n'es plus libre, tandis que moi, dans un petit coin de ma tête, je sais que le jour où je veux me tirer, je n'ai qu'à faire la valise. Et salut les mecs ! Quelle sécurité ! »

Il y a une allergie moderne à toute forme de contrainte. Le climat d'individualisme contemporain secrète un puissant besoin de se sentir libre, de se garder en tout une issue de sortie. C'est bien le divorce, comme ça, si on s'est trompé, on peut toujours recommencer !

Or ce qui n'est pas perçu, c'est que justement le mariage bien compris (où existe un véritable et généreux amour) est un moyen formidable de liberté. Le mariage, c'est une cordée. On s'attache, c'est vrai, mais pour escalader à deux les difficultés de la vie. Celui qui, en montagne prétend vouloir grimper seul, n'ira jamais là où sera capable d'aller une cordée. C'est la cordée qui rend libre le marcheur qui s'engage vers un sommet. Quand un mariage est réellement construit sur une confiance réciproque totale, il apporte un sentiment de libération, par ce climat puissant de sécurité qu'il apporte. N'est-ce pas poser un acte surprême de vraie liberté que d'assumer un choix, de donner sens à sa vie plutôt que de se disperser au gré des pulsions d'un instant ?

Et le mariage à l'Église, qu'apporte-t'il de plus ?

Voilà une question qui a l'art de me décevoir : car va-t'on à l'Église pour que ça nous «rapporte» ? Est-ce que Dieu est un livreur de supermarché, chargé de nous livrer ce que nous lui avons commandé ? Si le Christ offrait une pièce de choix sur la liste de mariage, c'est certain qu'il y aurait davantage de mariages religieux. Car, il faut le dire, les mariages religieux sont encore plus nettement en chute libre que les mariages civils. À cela, rien d'étonnant d'ailleurs, d'abord parce que les remariages des divorcés sont comptabilisés dans les statistiques civiles, mais aussi en raison de la diminution de la foi dans les milieux jeunes et parfois, un souci (légitime) de beaucoup de ne poser que des actes vrais ou signifiants.

En fait, la réalité du sacrement de mariage est trop peu connue. Pour beaucoup, la cérémonie à l'Église est une pure formalité, une coutume dépassée à laquelle on se résout pour faire plaisir à la grand-mère. D'autres viennent chercher une «bénédiction», entendez une protection plus ou moins magique ou superstitieuse, qui n'engage pas à grand chose et, de toute façon , ne peut pas faire de mal. « Du moins, on aura tout fait », disait un fiancé qui confondait la religion et les assurances-tout-risque. D'autres encore trouvent plus digne et plus solennelle une cérémonie religieuse, et plus conforme à une certaine dimension de «sacré» qu'ils pressentent au cœur de leur amour. Même l'incroyant perçoit plus ou moins confusément que l'amour est plus que l'amour : «L'amour est souffle infini qui vient d'ailleurs et vole vers l'ailleurs ». (*M.Quoist*)

Ainsi le mariage religieux, c'est autre chose qu'une belle cérémonie ?

Bien sûr, c'est tellement plus grand, plus beau, plus merveilleux que les couples ne le supposent : réalise-t-on assez que le couple chrétien est la vitrine de l'Amour de Dieu ?

«Homme et Femme, il les fit» dit la Bible. Ce qui signifie que ce qui est à l'image de Dieu c'est aussi le COUPLE ! Et donc, que le couple a la mission d'être ici-bas l'un des signes de l'Amour divin. Il a la mission de nous renvoyer au modèle dont il est l'image. Quand nous doutons de l'amour de Dieu, regardons un couple qui s'aime et qui s'est engagé dans le mariage. Nous saurons comment Dieu nous aime.

- Les époux se disent : **Je t'aime !**
Dieu dit à chacun de nous: Je t'aime !

- Les époux se disent : **Je m'engage à t'aimer toujours.**

Dieu me dit : Je te serai fidèle éternellement !

- Les époux se disent: **Tu es ma joie !**
Dieu me dit (et sa Parole est vérité) : Tu es ma joie!

- Les époux se disent : **J'ai besoin de toi !**
Dieu me dit : J'ai besoin de toi ! (Dieu n'est pas riche, il est mendiant, comme tout amoureux, vulnérable parce qu'il aime).

- **Les époux désirent une présence constante de l'aimé.**

Dieu reste présent à l'homme par sa grâce et son Eucharistie.

- **Les époux se pardonnent.**

Dieu nous pardonne soixante dix-sept fois sept fois.

- Les époux, un temps séparés, se donnent un symbole (une photo, un souvenir...). Le Christ, remonté auprès du Père, nous a laissé bien plus qu'un symbole : l'Eucharistie.

- **Les époux s'écrivent des lettres d'amour.**

Le Christ nous a laissé sa grande lettre d'amour, son Évangile. Et l'on pourrait poursuivre la comparaison à l'infini...

On devine facilement l'un des grands "pourquoi" du choix d'un mariage religieux. Le couple qui a compris ce rôle symbolique de l'amour ne va pas lui demander le mariage... «pour que ça lui apporte» , comme le disent tant de couples un peu intéressés, mais pour lui apporter sa propre fidélité. lls apportent à Dieu leur amour, et ils lui disent: Seigneur, nous voudrions que notre amour ait une telle qualité, une telle perfection, une telle fidélité qu'il devienne le signe éclatant de ton amour à toi, au point que tous ceux qui nous verront nous aimer se disent : pour qu'un amour pareil existe, il faut qu'il y ait Quelqu'un derrière. Oui, l'Amour est à l'œuvre dans le monde !

Comme on peut regretter que tant de jeunes couples chrétiens hésitent aujourd'hui à s'engager devant Dieu : ils sont pourtant les disciples d'un Dieu, qui, lui, n'a pas hésité à s'engager dans la grande histoire de la Rédemption. Le Christ ne s'est pas contenté de rendre visite aux hommes en hélicoptère. Il s'est «mouillé» pour eux. Il n'est pas venu vivre à l'essai la vie des hommes mais, de la crèche à la croix, la partager en totalité.

■ Mais deux jeunes qui s'aiment sans être mariés, ne sont-ils pas aussi les signes de l'amour de Dieu ?

Si leur amour est sincère, fidèle, généreux, certainement !
Ils sont signe, mais ils ne sont pas sacrement : ce que peut devenir l'amour humain quand il s'engage devant Dieu et devant l'Église.

■ Quelle différence entre un signe et un sacrement ?

Un sacrement, c'est un signe efficace: il donne ce qu'il signifie. Ainsi, dans le sacrement de Mariage, l'amour humain est plus qu'un brillant révélateur de l'amour de Dieu : iI le donne! Il est le signe efficace des Noces que Dieu a voulu faire avec l'Humanité dans son Fils, des noces mystiques entre le Christ et l'Église (c'est-à-dire : l'humanité sauvée).

Les époux se disent :
Je t'aime !
Dieu dit à chacun de nous :
Je t'aime !

■ **Là, vous êtes difficile à suivre… Vous voulez préciser ?**

Ce qu'il importe de bien commencer à comprendre, c'est que le Christ est venu réaliser le Mariage parfait : il est venu épouser l'humanité, «la prendre à son bras» pour qu'elle soit promue fille de Dieu et qu'elle puisse ainsi entrer un jour à la fin des temps dans la Maison du Père. Or il l'a épousée sur le lit nuptial de la Croix. C'est là qu'il s'est donné à cette humanité blessée, à corps perdu, dans un don total et sans reprise. Il l'a aimée d'un amour fou qui va jusqu'à la mort. Il l'a aimée d'un amour fidèle qui ne divorcera jamais. Eh bien, c'est dans cette alliance parfaite entre le Christ et l'Église que le couple chrétien, le jour de ses noces, est introduit: il est littéralement pris dans le champ magnétique d'amour réciproque entre le Christ et l'Église, plongé au sein de cette fournaise d'amour, de sorte que chaque conjoint est traversé par cet amour inouï. De sorte surtout que dorénavant il aime l'autre, non seulement comme le Christ aime, mais de l'amour même du Christ. Le mari pourrait alors dire à sa femme : «Je t'aime avec le cœur de Dieu. Et chaque fois que je t'aime, il y a un Dieu qui t'aime en même temps que moi, comme il s'y est engagé avec nous le jour de notre sacrement de mariage. Autrement dit, nous avons un sacrement à domicile : plus je t'aime, plus je te donne Dieu. Ce service que je te rends, ce baiser, cet acte d'amour où je me donne à toi, sont autant de gestes d'amour de Dieu pour toi. (Et, hélas!, si je ne t'aime pas, je te prive de cette occasion formidable que j'avais de te Le donner ! Heureusement, le Seigneur ne nous abandonne jamais et vient à notre aide par d'autres sacrements.) Or, plus tu es aimée de Dieu, plus tu es transformée pour devenir cette fille de Dieu pour l'éternité. C'est ainsi que mon amour pour toi n'est pas seulement le signe de l'amour de Dieu, mais l'instrument de cette grâce transformante qui prépare en toi la fille de Dieu destinée aux Noces Éternelles. De plus, notre amour réciproque construit de la même façon, autour de nous, dans nos enfants et nos amis, le Royaume merveilleux des épousailles de Dieu et de l'Humanité. En nous aimant, nous donnons Dieu à nos enfants. Et à ceux qui s'assoient à notre table».

On est loin d'un mariage-contrat-juridique, d'un mariage-formalité tant rejeté par les jeunes d'aujourd'hui. On est en présence d'un mariage à visée mystique, qui est folie aux yeux des hommes, puisqu'il est un pari fantastique sur l'amour-fou. Sur un amour qui est invité non seulement à dépasser l'usure du temps mais à aller, s'il le faut, jusqu'à la mort ! Un amour qui, comme l'amour du Christ pour le monde, n'envisage pas un seul instant de divorcer ! Non, le mariage chrétien n'est pas un petit amour embourgeoisé et installé dans le fauteuil de l'habitude ou de l'intérêt, un amour qui lorgne vers le

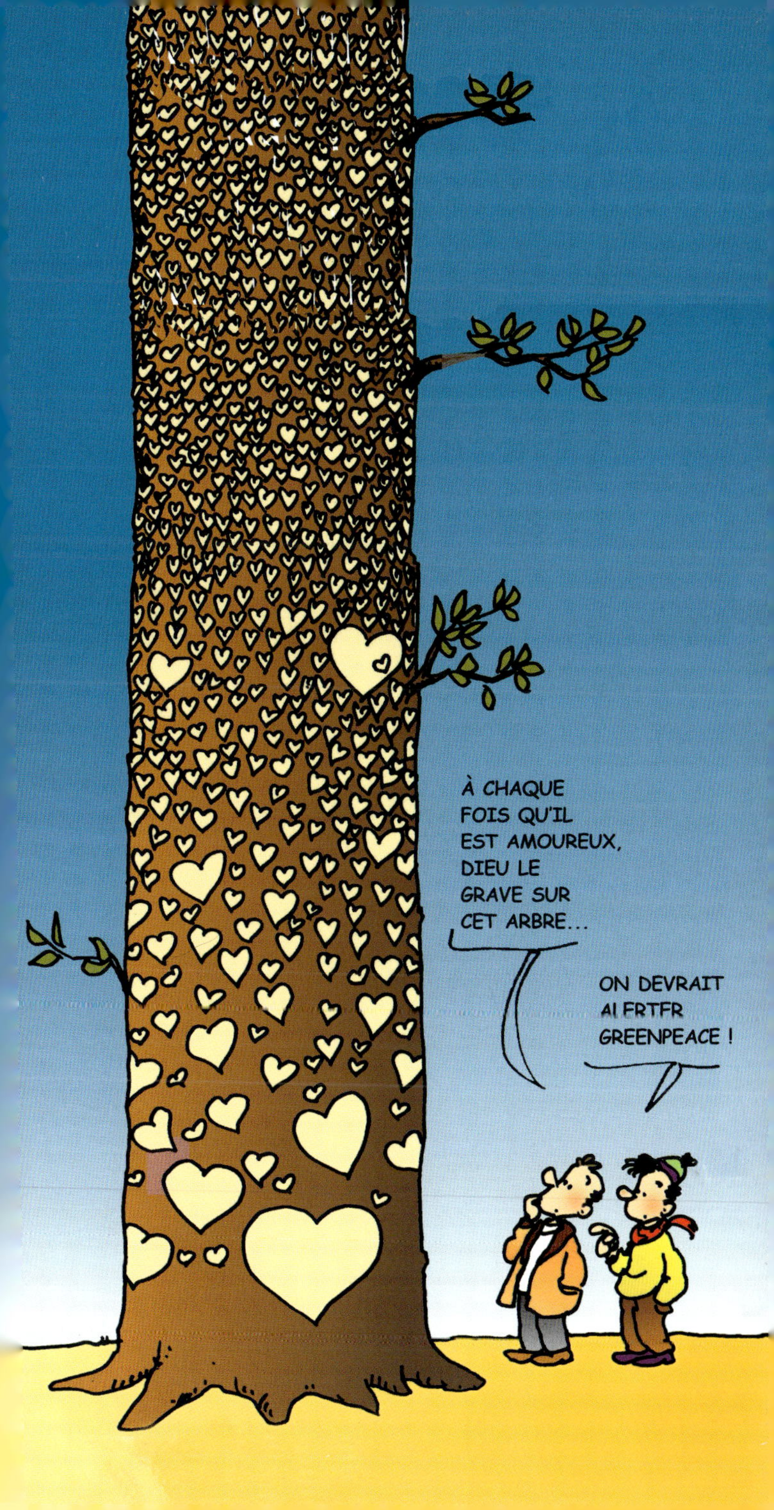
À CHAQUE FOIS QU'IL EST AMOUREUX, DIEU LE GRAVE SUR CET ARBRE...
ON DEVRAIT ALERTER GREENPEACE !

divorce à la moindre difficulté, un amour où chacun s'empresse de revendiquer son petit droit au bonheur, et n'aime que s'il est aimé. C'est cet amour généreux et sublime qui jaillit dans le cœur d'un époux, lorsqu'il laisse le Christ aimer en lui.

Si c'est ça, le Mariage chrétien, alors, je comprends les hésitations qu'on peut avoir à le contracter. L'amour-fou qui va jusqu'à la mort, qui ne divorce pas, ce n'est accessible qu'aux saints et aux mystiques, non ?

Ce serait oublier d'abord que l'amour est capable de beaucoup. Mais ce serait oublier surtout que dans la mesure où un couple entre dans cette proposition fantastique de Dieu, il reçoit «**la grâce de l'impossible**».

Le couple devient capable de vivre ce qui, aux yeux de nos contemporains, peut apparaître comme une folie: vivre soixante ans dans la fidélité par exemple. Car la générosité de Dieu dépasse tous nos calculs. Et le Sacrement alors peut «apporter» beaucoup, même si le couple n'est pas venu d'abord à l'Église quêter, en mendiants, cette grâce divine. Le couple reçoit une grâce de guérison pour son amour encore fragile et marqué d'un narcissisme bien compréhensible. Il est traversé surtout par cet amour-fou du Christ qui est don généreux, fidèle, et sans calcul. Enfin, cette grâce met en place ce lien conjugal qui est fondé dans la fidélité même du Christ : la petite alliance passée au doigt est enserrée dans la grande Alliance Christ-Église, le petit «oui» pris dans le grand «Oui» définitif du Christ pour le monde.

Et vous pensez que ce Mariage n'est pas une belle mais douce utopie ?

Certainement si on garde dans l'esprit ces caricatures de mariage encore trop souvent rencontrées :le Mariage-pour-faire-une-fin, le Mariage-pour-se-caser, le Mariage-liste de-mariage, le Mariage-carcan, le Mariage-somnifère sans fantaisie etc... Mais il cesserait d'être une utopie si l'on faisait un petit effort pour le concevoir et le réaliser différemment. Le mariage est, par rapport à l'amour, un peu comme le cadre par rapport au tableau, chargé comme lui de le mettre en valeur et de le protéger. Et rien n'empêche que «le cadre» soit amélioré pour être plus adapté aux exigences de l'amour moderne.

Il semble donc qu'il soit possible, de plus en plus, de vivre un mariage réussi, à condition de lui faire subir un certain lifting!

Un lifting pour le Mariage ?

Bien sûr... pour réussir un mariage dans le monde d'aujourd'hui, il faut inévitablement satisfaire à certaines exigences. Je souhaite à tous les jeunes qui vont se lancer dans la grande et belle aventure du mariage :

Un Mariage PRÉPARÉ

Un mariage où le choix n'est pas dicté

par la seule pulsion, mais aussi par une profonde réflexion. «J'aime» ne veut pas dire «j'épouse». «J'aime» veut dire : je réfléchis et j'étudie ! Et pour faire le bon choix, il faut un certain temps de probation, d'échanges renouvelés, d'activités communes. C'était ce qu'on appelait autrefois le temps des fiançailles trop facilement escamoté aujourd'hui : combien de couples se précipitent dans la vie sexuelle, en oubliant de mettre d'abord en place la communication et la tendresse (ce qui serait d'ailleurs la meilleure garantie pour une vie sexuelle réussie). Il y a à repenser ce temps des fiançailles pour qu'elles permettent une réelle découverte de l'autre. Chacun doit savoir exprimer ce qu'il attend du couple, ce qui est fondamental pour lui dans sa vie de demain : si l'autre ne me permet pas demain de vivre ce qui me paraît essentiel pour ma vie de mariés (ouverture aux autres ou possibilité de me cultiver ou vie spirituelle riche ou loisirs enrichissants), l'amour dépassera difficilement ce handicap : la recherche des correspondances profondes est donc capitale.

Cette connaissance de l'autre n'exclut

pas un certain réalisme : chacun doit s'assurer qu'il aime le grain de peau et l'odeur du corps de l'autre. Toute allergie au plan physique contre-indiquerait le mariage, de même que l'absence de désir physique de l'autre !

Enfin, les fiancés doivent être assez intelligents et assez simples pour s'enquérir des connaissances modernes qui se sont accumulées au sujet du couple depuis vingt ans : n'est-il pas regrettable qu'il y ait aujourd'hui un divorce sur trois mariages, à une époque où un couple peut être aidé comme jamais aux plans médical, physiologique, sexuel, psychologique, relationnel, spirituel. Les organismes qui préparent les fiancés au mariage, ou ceux qui leur proposent des rencontres après, ne manquent pas : que les couples daignent en franchir la porte !

Un Mariage FESTIF

Si l'amour a besoin de fête, pourquoi ne pas donner à ce geste social et religieux important qu'est l'engagement dans le mariage tout l'éclat qu'il mérite ? Il ne s'agit pas de rééditer forcément le style des mariages d'autrefois, mais de trouver les symboles signifiants qui expriment le mieux à la fois, la joie des époux et le sens qu'ils entendent donner à leur vie. Je pense à ces jeunes époux qui, désirant faire de leur vie un trait d'union entre ceux qu'ils rencontreront, avaient construit leur célébration autour de la symbolique du pont : l'autel était un pont dont chaque arche représentait les deux familles, les chants parlaient de l'unité, l'homélie du Christ-pontife!

Et pourquoi, tout au long d'une vie de couple, ne pourrait-on pas réinventer la fête, les retrouvailles avec la grande famille, les anniversaires solennellement souhaités, comme autrefois ces fêtes qui revenaient si fréquemment lorsque les familles étaient nombreuses.

Un Mariage RÉALISTE

Beaucoup de couples se sont séparés... parce qu'ils avaient rêvé ! Rêvé d'un amour idyllique, sans tension, qui n'existe nulle part ! Ils avaient trop attendu de l'amour et ne pouvaient être que déçus.

L'acceptation de l'imperfection, de l'inévitable insatisfaction de la condition humaine est signe de maturité. Accepter ses limites et les limites de l'autre, penser qu'avec lui tel qu'il est, un chemin difficile mais exaltant est possible, arrache à l'imaginaire, pour déboucher sur le réel, qui est passionnant lui aussi, car il y a toujours à découvrir.

Un Mariage DÉMOCRATIQUE

Beaucoup de couples cohabitent parce qu'ils ont l'impression qu'il y a ainsi un plus grand respect de la personnalité de chacun : «Non, je ne fais pas la vaisselle, pendant qu'il lit le journal!» Et certaines femmes refusent le mariage pour ne pas tomber dans les vieux clichés du mariage qui donne à l'homme la suprématie et le pouvoir. Mais pourquoi le Mariage moderne ne pourrait-il pas intégrer volontairement cette dimension démocratique, qui traite l'homme et la femme sur le même registre d'égalité ? Et l'on voit de plus en plus de familles qui ont un tel respect des personnes. Non seulement la femme y est considérée comme membre à part entière, mais les enfants eux-mêmes ont leur mot à dire au sein de petits conseils de familles démocratiques où le point de vue de chacun est pris en compte.

Un Mariage DIALOGUAL

Le Mariage n'est pas un OUI, dit une fois pour toutes mais un «Je t'aime» qu'on dit au compte-gouttes. Il exige une communication permanente. C'est une question de vie ou de mort pour le couple. La communication permet l'adaptation à la différence et aux évolutions possibles de chacun au long des années. Elle permet surtout de découvrir toujours le merveilleux de l'autre et donc de garder toujours pour lui admiration et amour. On n'aime plus un être quand on prétend qu'on le connaît !

Un Mariage-FANTAISIE

«L'ennui naquit un jour de l'uniformité». Tant de couples sont menacés de disparition par la routine, le ronron de l'habitude.

Mais qu'est-ce donc qui empêche un couple de veiller à mettre régulièrement dans sa vie le piment de la fantaisie ? Pourquoi le mari ne ferait-t-il pas pour sa femme les petits cadeaux, les surprises, les sorties impromptues... Ceux qui s'aiment ont à garder l'ingéniosité du cœur qui sait dicter les trouvailles heureuses pour relancer l'amour. Comment un couple peut-il faire l'économie d'un voyage de noces

annuel, une fantaisie qui n'est pas forcément coûteuse même si elle est payante pour l'amour !

Un Mariage FÉCOND et OUVERT

Trop de couples aujourd'hui s'enferment dans une bulle dont l'enfant est proscrit, ou tout au moins extrêmement raréfié. On veut un enfant pour soi, un enfant-bijou, un enfant-sur-mesure, l'enfant-canari chargé de mettre un peu de gaieté dans une cage dorée. De plus, il arrive qu'on ne le baptise plus, qu'il ne fasse plus sa profes-

sion de foi, qu'il ne se marie plus à l'Église : trois fêtes en moins, trois agapes chaleureuses escamotées ! Et l'on sait l'importance pour la famille de se réunir pour célébrer.

Ce qui unit longtemps deux êtres qui s'aiment, c'est un but commun : se pencher ensemble sur un berceau, aider des enfants à devenir des hommes, construire une cité plus humaine où ils pourront respirer un air tonique et non pollué.

Un Mariage sous HAUTE-SURVEILLANCE

II faut veiller sur son amour comme sur un vase fragile. Si l'on ne prend pas soin de le cultiver, il ne faut pas s'étonner qu'il s'évapore. Acceptant l'inévitable imperfection de tout amour, et sans rêver d'une fusion idyllique et sans tension, un couple adulte n'hésite pas au besoin à se faire aider si la turbulence est trop importante..

Et là encore les moyens ne manquent pas aujourd'hui. Des organismes nombreux mettent leur compétence au service des couples en difficulté ou simplement en perte de vitesse

Un Mariage
ANCRÉ DANS L'AMOUR DIVIN

Trop souvent la dimension religieuse et la dimension conjugale des couples ne sont pas suffisamment unifiées, accordées, harmonisées : à l'église, on se comporte en célibataire, et chez soi, en «païen».

L'amour humain peut nous conduire à mieux percevoir toutes les richesses de l'amour divin, et faire d'une vie de couple heureuse une action de grâces permanente, une louange spontanée envers le Créateur.

Mais à l'inverse, la contemplation de l'Amour divin nous permet de mieux savoir aimer. Et même davantage : si nous laissons le Christ aimer en nous, nous pourrons parvenir à deux sur les sommets de l'Amour-charité, de l'Amour-don, de l'Amour qui tend vers la gratuité, voire de l'Amour-fou !

En conclusion

Un appel aux jeunes de chez nous

Jeunes, mes amis,
qui voulez partir à deux
pour une vie commune
libérée de toute formalité.

C'est votre droit.
Et la société,
et même vos parents
l'accepteront.

Mais VOUS,
réfléchissez AVANT.

Ce sera difficile
et souvent trop tard
APRÈS !

Ne tirez pas trop vite
sur le Mariage !

Peut-être lui devez-vous
la vie !

Mais **ré-inventez-le**, bon sang !
Gardez ce qu'il a de profond :
cette reconnaissance du lien
qui unit toutes les générations,

ce garde-fou contre le fantasque de l'amour.

Mais ensuite,
qui vous empêche d'y semer
des fleurs et des rires,
des jeux et des fantaisies?

Qui vous oblige à considérer l'autre comme bobonne
ou comme un portefeuille?

Lâchez votre amour en liberté dans le parc immense et fastueux du mariage.

Il n'aura pas trop d'une vie
pour S'ECLATER !

Sommaire

POUR PRÉPARER SON MARIAGE

CENTRE de PRÉPARATION au MARIAGE
8bis, rue Jean Bart 75006 Paris
Tél 01 45 48 26 72

- des temps de rencontre et de partage pour préparer votre mariage.

FAIRE GRANDIR NOTRE COUPLE, PARTAGER AVEC D'AUTRES NOS JOIES ET NOS QUESTIONS

SESSIONS CANA ET FRATERNITÉS CANA
10, rue Henti VI 69287 LYON cedex 02
Tél 04 78 42 10 66

- des sessions pour couples d'une semaine, animées par la communauté du Chemin Neuf.
- des petites fraternités pour ceux qui désirent poursuivre.

ÉQUIPES NOTRE-DAME
49, rue de la Glacière 75013 Paris
Tél 01 43 36 08 20

- des équipes de foyers s'entraident à vivre leur foi en couple et en famille.

CLER

65, bd de Clichy 75009 Paris
Tél 01 48 74 87 60

Organisme chrétien de conseil conjugal et familial au service des jeunes et des couples.

AMOUR ET VÉRITÉ
18, bld Général Koenig 92220 Neuilly/Seine
Tél 01 47 45 96 30

Cinq ou six couples se réunissent une fois par mois pendant trois ans
- 3 week-end sur trois mois.
- des fraternités.

NE PAS RESTER SEUL(E) POUR TRAVERSER UNE CRISE OU UNE DIFFICULTÉ, SE FAIRE AIDER

ÉQUIPES 3 ANS du CLER

65, bd de Clichy 75009 Paris
Tél 01 48 74 87 60

cinq ou six couples se réunissent une fois par mois pendant trois ans
- 1ère année : la communication dans le couple.
- 2ème année : relation parents-enfants.
- 3ème année : ouverture sur le monde

A.F.C.C.C.

Ass. Frse des Centres de Conseillers Conjugaux
228, rue de Vaugirard 75015 Paris
Tél 01 45 66 50 00

- des conseillers conjugaux proches de votre domicile

COUPLES ET FAMILLES
28, Place St Georges
75009 Paris
Tél 01 42 85 25 98

Conseil conjugal et familial.

AUTRES ADRESSES UTILES

A.F.C.
Associations **F**amiliales **C**atholiques

28, place Saint Georges 75009 Paris
Tél 01 48 78 81 61

Associations de promotion et de défence des intérets de la famille dans la cité, avec des services d'entraide.

FOI ET LUMIÈRE
90, av. de Suffren 75015 Paris
Tél 01 47 34 33 08

Pour des familles ayant parmi leurs membres une personne avec un handicap mental.

ESPÉRANCE ET VIE

20, rue des Tanneries 75013 Paris
Tél 01 45 35 78 27

Mouvement chrétien pour les premières années du veuvage.

VIVRE ET AIMER

10 résidence d'Estienne d'Orves
91120 PALAISEAU
Tél 01 48 74 87 60

Pour mieux se connaître, s'écouter, se comprendre, pour donner à l'amour du couple un nouveau dynamisme.

Secrétariat **N**ational de la **P**astorale **F**amiliale
4, cité du Sacré-Cœur 75018 Paris **Tél 01 42 55 05 58**

Le Livre Ouvert

Les éditions du LIVRE OUVERT ont été créées en 1987 par Véronique et Michel de Williencourt en collaboration avec les moines bénédictins de Mesnil Saint Loup (Aube).
Elles proposent sous une forme simple des *"miettes spirituelles"* des *"paroles de vie"* ainsi que des moyens pour découvrir et approfondir *la Parole de Dieu.*

Achevé d'imprimer sur les presses
de l'imprimerie Darantiere à Dijon-Quetigny
en février 2009

N° d'impression : 29-0221
Dépôt légal : octobre 2001
Imprimé en France